LE TOUR D'EUROPE

PARIS — LIBRAIRIE THÉODORE LEFÈVRE & Cie

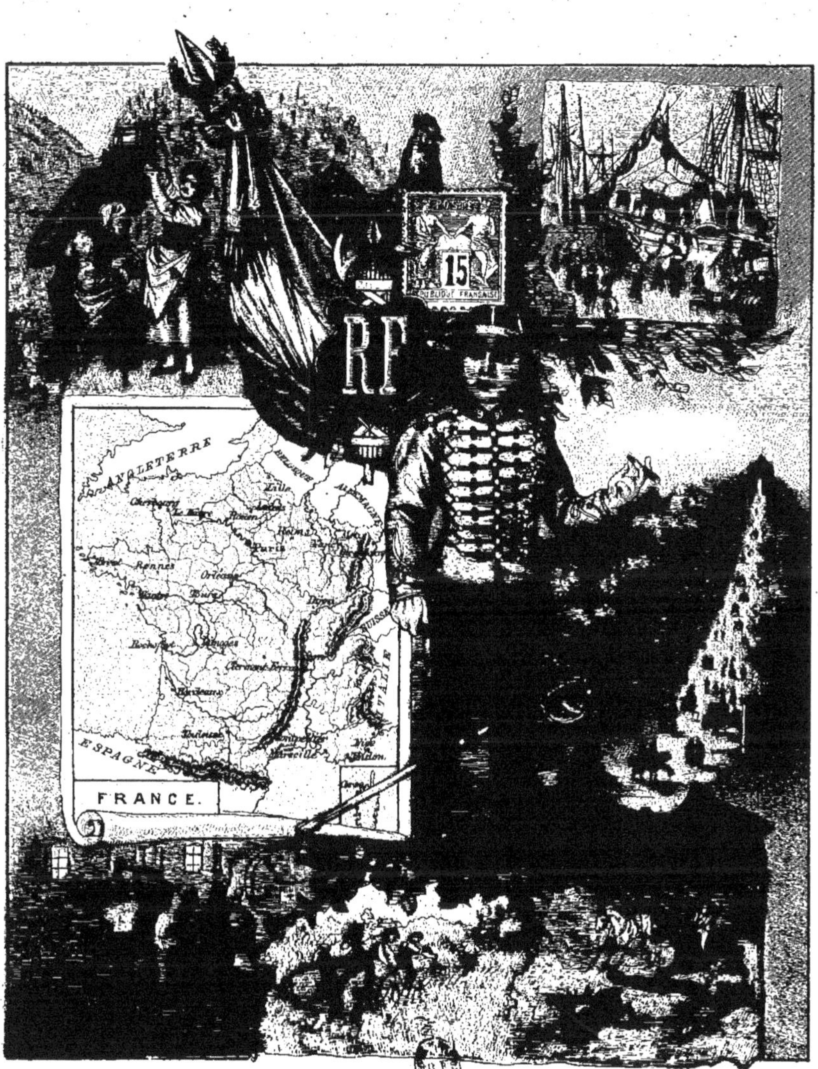

POSTES
15
RÉPUBLIQUE FRANÇAISE
RF
ANGLETERRE
ALLEMAGNE
BELGIQUE
SUISSE
ITALIE
ESPAGNE
FRANCE.
Cherbourg
Lille
Le Havre
Rouen
Reims
Paris
Brest
Rennes
Orléans
Tours
Nantes
Rochefort
Limoges
Clermont-Fd
Bordeaux
Toulouse
Marseille
Avignon

LE TOUR D'EUROPE

LA FRANCE

— Beau militaire à la veste bleue, au pantalon rouge, au bon sabre brillant qui pend à ton côté, quel est ton pays?

— Mon pays, petit enfant, est l'un des plus beaux du monde; on y est travailleur, gai, vigilant; c'est pour cela que la France — car c'est la France — a choisi pour emblème le coq, qui, toujours levé le premier, lance fièrement ses cocoricos dans l'air matinal. Aujourd'hui, nous sommes tous soldats, et moi, je suis chasseur à cheval. Vois notre beau drapeau tricolore, bleu, blanc, rouge; comme il flotte gaîment au vent! '

Pendant que nous apprenons à bien combattre pour être prêts à le défendre, dans les champs de blé, d'orge que le soleil de juillet a jaunis comme de l'or, les laboureurs, armés de leurs faux, font la moisson : car il y a de bonnes terres en France. La Normandie, la Bourgogne, la Flandre, la Beauce; voilà des pays où l'on fait de bonnes cultures.

Avec le pain, mon pays a le vin. Quand vient l'automne, chacun est joyeux, parce que c'est le temps des vendanges. Allons, vendangeurs et vendangeuses, prenez vos hottes et vos paniers, allez couper le raisin noir, le raisin blanc, et bientôt sortiront du pressoir, le délicat vin de Bordeaux, le pétillant vin de Champagne, le généreux vin de Bourgogne; et les vendangeurs en gaîté danseront autour du pressoir.

En Normandie, au lieu de fêter le raisin, on fête la pomme qui donne le cidre; et, dans les pays du Nord-Est, on fait la fête du houblon, qui donne la bière.

Elle est très favorisée, notre France; elle s'étend sur trois mers : la Manche, l'Océan Atlantique, la Méditerranée. De ses ports, partent, chaque jour, des bateaux de pêcheurs, pour revenir, quelques jours après, tout chargés de poissons qu'on expédie dans les villes. Pauvres gens, sont-ils braves et courageux! Ils s'en vont lutter contre la terrible mer pour nourrir leurs petits enfants. Bonne chance, amis pêcheurs!

Voici les grands steamers qui chauffent, les voyageurs arrivent et se placent; les uns pour l'Amérique, les autres pour l'Angleterre, ceux-ci pour l'Afrique ou l'Asie. Le sifflet d'appel a sonné; on va partir; les voyageurs sont sur le pont, et, de la rive, leurs amis, leurs parents leur font signe encore. Que Dieu veille sur le grand navire et le fasse arriver à bon port!

Quittons la mer, et enfonçons-nous dans une forêt; il y en a de belles en France; moins qu'autrefois cependant, parce qu'on a défriché le sol. Laquelle voulez-vous visiter? Celle de Fontainebleau avec ses rochers bizarres, celle des Ardennes, celle d'Orléans? Non, celle de Compiègne; on y chasse, ce sera plus joli. Écoutez le cor! Tonton, tontaine, tonton! En avant, les beaux chasseurs en habit rouge; courez ventre à terre; le cerf va vous échapper! Non, les chiens l'ont rejoint, et la noble bête va mourir. Tout le monde se presse, on galope sous les ombreuses allées de la forêt, on veut voir l'hallali! Oh! la belle chose qu'une chasse à courre, et comme ces chasseurs français, servis par des chiens français, s'entendent à la bien conduire!

Entendez-vous, au loin, le bruit du marteau sur l'enclume? Voyez-vous, à travers les arbres du bois, là-bas, cette grande maison qui semble en feu? C'est une forge; on y travaille les métaux que recèle le sol, et c'est le charbon de terre qui alimente ses fourneaux, le charbon de terre qui sert aussi pour les machines de nos chemins de fer.

Après avoir vu tant de choses, petit enfant, si vous voulez venir avec moi, le long des Champs-Élysées, je vous conduirai jusqu'à l'Arc de triomphe de l'Étoile, qui a été construit en souvenir de nos victoires.

HOLLANDE
Ostende
Bruges
Gand
Anvers
Malines
Hasselt
Bruxelles
Maestricht
Tournay
Liège
Mons
Namur
Charleroi
Arlon
BELGIQUE.
FRANCE
ALLEMAGNE
G.DUCHÉ LUXEMBOURG

LA BELGIQUE

La Belgique, la plus proche voisine de la France, est un gai pays, où l'on s'entend fort bien à s'amuser. La contrée n'est pas jolie, jolie, surtout vers l'ouest, mais ce peuple, qui ne forme un royaume à part que depuis cinquante ans, possède, avec le goût du travail et une très vive intelligence, la science du plaisir. Chaque ville a ses ducasses, ses kermesses. C'est ainsi qu'on y nomme les fêtes du pays. On danse, on chante, on organise des cortèges, des processions, dans lesquelles on figure les événements célèbres de l'histoire flamande.

Les jeunes gens des meilleures familles, vêtus en costumes du moyen âge, cavalcadent fièrement à travers les rues ; au moins, ne croyez pas que les pauvres soient oubliés : des quêteurs, en costume bizarre, vont, avec de longs bâtons où sont emmanchés des cornets, recueillir les oboles des curieux. Et puis, voilà la Sainte-Catherine, la fête des demoiselles ; on danse, on donne des goûters, on fait des gaufres, c'est un bien beau jour. Ensuite, c'est la Saint-Nicolas, la fête des garçons. Ce jour-là, Saint Nicolas passe à minuit, avec son âne, par toutes les Flandres, et chaque enfant a bien soin de préparer, dans sa chambre, la plus belle chaise pour saint Nicolas, et du foin, en quantité raisonnable, pour son âne ; les plus fortunés y joignent des carottes, car l'âne du bon saint a besoin de prendre des forces, il est si fatigué de tous les cadeaux qu'il porte ! il en laisse pourtant quelques-uns dans chaque maison où il passe. Il est bien sûr que chacun a sa part de jouets, de bonbons,... de verges, quelquefois !

Mais, nous l'avons dit, le plaisir

n'empêche pas le travail, et la Belgique est industrieuse en tous genres; c'est le pays des belles dentelles : Bruxelles et Malines vous sont assez connues; c'est le pays de la bière, des beaux meubles, des belles voitures; que sais-je!

Il n'y a pas que des ouvriers, il y a aussi des artistes; la peinture flamande, illustrée par Rubens et Van Dyck, est célèbre dans le monde entier; la musique plaît aux Belges, ils aiment à se réunir pour former des concerts, des chœurs, et plusieurs ont un vrai talent.

Pendant que, dans les villes, à Namur, à Liège, à Gand, on travaille avec entrain, les campagnards cultivent soigneusement les parties fertiles; aussi, on voit de beaux champs de houblon, de tabac, de blé, de garance, de lin surtout; nous avons déjà parlé des dentelles, n'oublions pas les toiles. D'autres travailleurs, au lieu de bêcher et d'ensemencer la terre, s'enfoncent dans de noirs souterrains où la lumière du jour ne pénètre jamais. Ce sont les mineurs qui vont, à Mons, à Charleroi, extraire la houille. Leur travail n'est pas sans danger, et si les moissonneurs ont quelquefois à craindre l'orage, les mineurs ont à redouter le terrible feu grisou, qui fait tout à coup explosion et les engloutit sous des monceaux de décombres.

Ainsi sur terre, sous terre, l'homme travaille sans paix ni trève; et sur l'eau, donc! N'oublions pas ces nombreux canaux qui coupent la Flandre en tous sens, et sur lesquels les patients mariniers transportent des marchandises à bien meilleur compte que par les chemins de fer.

Mais qu'est-ce que j'entends? Ces cloches, au son tantôt argentin, tantôt aigu, qui résonnent et forment de gais refrains, qu'est-ce donc? C'est le carillon, le vieux carillon des antiques hôtels de ville, qui, à chaque heure, vient égayer la cité. Ah! que j'aime à entendre sonner les joyeux carillons de Flandre!

GRANDE-BRETAGNE
ET
IRLANDE.
POSTAGE
TWO PENCE HALF PENNY
2½d
Dublin
Cork
Liverpool
Birmingham
Bristol
Londres

LES ILES BRITANNIQUES

Hip, hip, hurrah! en avant, beaux chevaux aux jambes fines, à la taille élancée, sautez la barrière; bravo! sautez la rivière, maintenant! hurrah! Nous sommes en Angleterre, vivent les courses sur les vertes pelouses; les petits jockeys maigres, les hardies amazones, les cavaliers à l'habit rouge. Aujourd'hui, les courses; demain, la chasse au renard dans les grandes forêts; ou bien, on fera courir les yachts légers sur la Tamise, et le premier arrivé aura le prix; malgré les brouillards gris qui l'enveloppent comme d'un manteau, on sait se divertir dans la joyeuse Angleterre.

De beaux champs, des bœufs, des moutons d'une laine superbe, du poisson en abondance; des mines de houille, de cuivre, d'étain; des villes toutes noires de la fumée des manufactures; des chemins de fer qui traversent les cités, passent sous le sol et quelquefois par-dessus les maisons; des marchandises qu'on débarque; d'autres qu'on embarque; une activité extrême, une production qui ne se lasse pas, c'est l'Angleterre aux jours de travail.

Le jour du repos, le dimanche, par exemple, tout est clos; et si, petit lecteur, vous avez eu l'imprudence de choisir ce jour-là pour faire une visite à messieurs les Anglais, vous courez risque de jeûner toute la journée.

Ah! voici Londres; je la reconnais, avec ses mille cheminées qui fument; sa Tamise qu'on traverse sur de beaux ponts, son fameux temple de Saint-Paul dont le dôme se dresse fièrement, sa Tour où il s'est passé tant de faits, dont le plus triste fut le meurtre des pauvres enfants d'Edouard IV. Quelle grande ville! Ici, élégante, avec des maisons ressemblant à des palais, de beaux parcs, des rues longues et droites ; là, noire, triste, mal entretenue, laide.

Pourquoi donc la foule s'est-elle rassemblée autour de ces deux hommes? Ils mettent habit bas; les voilà nus jusqu'à la ceinture, bon! ils se jettent l'un sur l'autre et se battent; grand Dieu, quels coups de poing! C'est la boxe, une des distractions du peuple anglais; et plus loin, où courent ces gens affairés? Ils vont assister à un combat de coqs, et ils ont parié de grosses sommes. Ces coqs, d'une race à part, sont dressés pour le combat; on leur a rasé tout le corps, excepté les ailes, et ils ont les pattes armées de petits éperons d'acier. Quel cruel amusement de voir ces innocentes bêtes s'entre-déchirer !

Quittons ce spectacle et allons admirer les grands bâtiments qui sont à l'ancre dans les bassins. Ils sont beaux, n'est-ce pas? Voyez comme les matelots font la manœuvre; c'est que l'Angleterre a la première marine du monde; il la lui faut pour veiller sur ses innombrables colonies. Elle en a partout, et les Anglais ont pris l'habitude des lointains voyages ; ils partent pour le Cap ou les Indes plus facilement que nous autres Français ne nous décidons à aller à Rouen ou à Bordeaux. Ils vont partout, voient tout, et ne semblent s'émouvoir de rien, ni du beau, ni du laid. Ils sont grands mangeurs et font une terrible consommation de beef-tecks ou de rumstecks; mais leur pays qui leur donne tant de choses n'a pas de fruits ni de légumes; aussi messieurs les Anglais, qui sont un peu friands, accaparent volontiers ceux de France.

Outre l'industrieuse Angleterre, le royaume comprend l'Ecosse, montagneuse, pittoresque, où les montagnards sont d'excellents et hardis chasseurs, ce qui ne les empêche pas de jouer très joliment de la cornemuse. Il comprend encore l'Irlande, la pauvre Irlande, autrefois bien maltraitée par l'Angleterre, et dont la verte terre ne produit pas assez pour nourrir ses enfants. Plaignez l'Irlande, dont la misère contraste avec la richesse des deux autres pays.

HOLLANDE.
BELGIQUE
ALLEMAGNE
Amsterdam
La Haye
Rotterdam
Utrecht
Bois-le-Duc
Breda
Bruxelles
Zwolle

LA HOLLANDE

Avez-vous entendu parler de ces industrieux animaux du Canada qu'on appelle les castors? Quand ils savent que les grands lacs, sur les bords desquels ils habitent, vont déborder, ils se construisent des habitations à plusieurs étages, et échappent ainsi à l'inondation.

En Europe, il y a un peuple qui, comme ces patients et avisés castors, est journellement aux prises avec l'Océan, parce que le pays qu'il habite est plus bas que la mer; dans cette guerre avec l'eau, c'est aux Hollandais que la victoire est restée; mais que de courage, que d'argent, que de prévoyance, il a fallu pour bâtir ces digues immenses qui mettent seules le pays à l'abri!

Elles se rompent de temps en temps, pourtant; alors, tout le monde travaille, et ne se repose que lorsque le mal est réparé. Avant que ces digues aient été établies, la Hollande a eu à subir de terribles inondations qui ont emporté des milliers d'hommes et d'animaux. Ce n'est pas bien agréable d'être toujours sur le qui-vive; aussi les Hollandais ne sont-ils pas un peuple gai; ils sont froids, calmes, et préfèrent vivre en paix, au milieu de leur famille, que d'aller se divertir dans des fêtes publiques, hors de leurs maisons. Ils sont, comme tous les peuples du Nord, d'une très grande propreté, et leurs habitations bien construites, bien meublées, sont d'un grand confortable.

Ils savent les égayer par de belles fleurs, car ces hommes silencieux et graves ont la passion des fleurs; leurs tulipes, leurs jacinthes ont été célèbres; aujourd'hui, ils cultivent toute espèce de plantes.

Ne croyez pas que le pays ait un

aspect triste et sévère. Non pas ; il est très agréable à voir avec ses prairies d'un beau vert, au milieu desquelles s'élèvent de bonnes bêtes à cornes ; avec ses canaux et ses cours d'eau sur lesquels, comme en Belgique, passent et repassent de grands bateaux aussi bien tenus que les maisons.

Dans ce pays, où tous travaillent, il n'y a guère de pauvres, et les jours de fête, c'est plaisir de voir les femmes, vêtues de robes à fleurs, coiffées d'un bonnet retenu sur le front par un bandeau d'or, avec leur tablier de soie changeante, se promener au bras de leur mari, habillé de son costume de matelot, avec de larges boucles d'oreilles. Les jours de kermesse, comme on boit beaucoup de bière on devient un peu bruyant ; dans l'hiver, quand une belle gelée a fait prendre les canaux, tout ce monde s'en va patiner, et hommes et femmes luttent d'adresse et d'entrain.

Mais la saison de la pêche arrive ; et, alors, de nombreux pêcheurs s'élancent sur la mer, à la recherche du butin qui doit les enrichir. Pendant bien des jours, dans la petite maison du matelot, on a travaillé au filet ; depuis le vieux grand'père qui ne va plus en mer, jusqu'aux petits enfants de cinq à six ans, tous armés de la navette et du moule, fabriquent le grand réseau dans lequel viendront se prendre des centaines de poissons ; il faut se hâter, car les bancs de harengs arrivent en masse, et ils ne séjournent pas longtemps. De nombreux pêcheurs partiront aussi pour l'océan Glacial, dans lequel ils vont chercher la morue.

Alors, les enfants, leur tâche terminée, retourneront aux écoles si gaies et si bien tenues, que tous les petits Hollandais fréquentent assidûment. Quand ils seront grands, s'ils ont le goût des voyages, ils pourront s'embarquer sur un de ces beaux vaisseaux qu'on voit dans leurs ports, et s'en aller loin, loin, en Océanie, dans des îles riches et fertiles qu'on appelle Sumatra, Java, Bornéo, ils seront encore en Hollande, car ces beaux pays sont à eux.

NORGE
10
12 FIRE SKILL
SUÈDE
ET
NORVÈGE.
LAPONIE
FINLANDE
RUSSIE
DANEMARK
ALLEMAGNE
Christiania
Stockholm
Christiansand

LA SUÈDE ET LA NORVÈGE

Quand vous vous couchez dans vos lits moelleux, après une journée où vous avez vu briller le soleil, vous ne songez guère, mes chers amis, qu'il y a des pays que ce soleil n'éclaire pas, des pays où il fait un froid de glace, où les habitants, pour toute nourriture, n'ont qu'un pain grossier fait avec une espèce de mousse ou avec l'écorce amère du pin.

Ces pauvres gens demeurent en Laponie, au nord de la Suède et de la Norvège. Tous ne sont pas aussi malheureux; ils vont à la pêche, ou bien ils soignent leurs rennes et leurs troupeaux de chèvres et de brebis; leur costume n'est guère élégant; ils sont, l'hiver, couverts entièrement de peaux de rennes, et quand le froid devient plus rigoureux, ils se coulent dans une peau d'ours bien cousue, ne laissant de place que pour voir et respirer.

Des voyageurs qui ne les avaient vus qu'à distance ont dit qu'ils avaient le corps velu et un seul œil au milieu du visage. Singulière façon de prendre des notes de voyages, n'est-ce pas? Le terrible ennemi des hommes de l'extrême Nord est l'ours blanc; c'est qu'il attaque les pêcheurs sans façon; alors, ceux-ci disputent chèrement leur vie; armés de haches, de harpons, ils repoussent bravement la cruelle bête, et quelquefois sont assez heureux pour la tuer.

Tapis dans leurs huttes couvertes de neige, pendant l'hiver, les Lapons préparent leurs filets, fabriquent leurs costumes, ou se chauffent paresseusement au feu qui brûle au milieu de la cabane. Pendant plusieurs mois, ils sont plongés dans une longue nuit; la lune et les aurores boréales viennent seules les éclairer. En été, par exemple, c'est autre chose ; le soleil ne se couche pas, et on a le soleil de minuit comme celui de midi.

La Norvège et la Suède, qui sont appuyées l'une contre l'autre comme deux sœurs, sont pourtant bien différentes ; la Norvège est montagneuse, avec de belles forêts, des torrents, des côtes escarpées et pittoresques ; la Suède est plate, couverte de bois et de rivières. Dans les roches qui hérissent les côtes de Norvège, une espèce de canard, l'eider, construit son nid et le garnit d'un duvet chaud et doux. De hardis chasseurs vont chercher ce duvet, au péril de leur vie : ils attachent une corde à quelque sapin poussé entre les roches, et s'y laissent glisser, s'arrêtant lorsqu'ils trouvent un nid pour le dépouiller de son duvet qu'ils vendront cher ; oui, mais si la corde se rompt, le malheureux va se briser sur les rochers ou tombe à la mer !

Quand viennent Noël et la Saint-Jean, toute la Norvège entre en fête ; les amis, les parents se réunissent autour de la même table, et pendant quinze jours tout travail est suspendu. C'est le temps des longues courses en traîneau, sur la neige ; on va à ses affaires, on va voir ses amis ; puis, le temps des fêtes passé, chacun reprend sa vie tranquille.

A la même époque, les Suédois qui n'ont pas de traîneau, s'élancent sur les lacs et les rivières gelés ; ils ont adapté à leurs chaussures de longs patins, et armés d'un bâton pour se tenir en équilibre, ils glissent avec une rapidité étonnante. Ce sont de hardis marcheurs, comme vous voyez ; ils sont encore meilleurs marins ; que diriez-vous si vous les voyiez, entassés dans une petite barque mince, descendant sans broncher une cataracte ?

Les Suédois ont de nombreuses qualités ; ils sont doux, hospitaliers, aimables, et font le meilleur accueil aux étrangers qui vont visiter leur sauvage et curieux pays.

Kœnigsberg
Dantzig
Lubeck
Hambourg
Brême
Hanovre
Berlin
Magdebourg
RUSSIE
Cologne
Leipzig
Dresde
Breslau
Coblence
Francfort
Mayence
Nuremberg
HONGRIE
Stuttgard
Augsbourg
Munich
AUTRICHE
SUISSE
ALLEMAGNE.

L'ALLEMAGNE

Que font donc ces enfants, dont l'un disparaît sous un grand casque terminé en paratonnerre, pendant que l'autre, déjà chaussé de ces lourdes bottes allemandes, lui parle avec autorité? Ce sont de petits Prussiens qui jouent à la guerre : une, deux; au pas, donc! Le conscrit a mal marché, pan! un soufflet, et le soldat ne bronche pas; écoutez donc, la discipline! Tous ces enfants sont nés militaires; ils sont élevés militairement, et le jour où ils endosseront un uniforme doré et ajusté, sera le plus beau de leur vie.

Voyez les étudiants quand ils sont à l'Université, leur bonheur est de se montrer dans le costume des temps passés qu'ils ont conservé; voyez-les avec leurs longs cheveux, leur pantalon collant serré dans la botte à la hussarde, leur tunique de velours, et leur casquette d'un autre âge; ils sont enchantés ainsi; d'autant mieux qu'ils ont l'épée au côté et qu'ils dégaînent facilement. Rendons-leur justice cependant, en disant que ce sont de rudes travailleurs. Ils aiment à se reposer de leurs études en fumant dans de longues pipes de porcelaine et en buvant énormément de chopes de la bière de leur pays.

Ils aiment aussi beaucoup la musique; tous les Allemands sont musiciens, d'abord; et quand, réunis sur les bords de leurs rivières, ils écoutent le son du cor ou les sérénades qu'ils se donnent volontiers, je reconnais qu'ils passent un bon moment.

Mais tout n'est pas musique dans la vie, pas plus en Allemagne qu'ailleurs, et il y a le revers de la médaille. Les familles sont nombreuses et peu riches; le service militaire, malgré les beaux uniformes et les gros canons, est bien dur ; alors, les Allemands émigrent ; ils quittent en foule leur pays et vont en Amérique, en Australie, partout où ils peuvent espérer trouver l'aisance que leur patrie ne sait pas leur donner. Ils travaillent, cependant. Il y a des mines, des forges, des verreries, des librairies remarquables ; mais l'industrie qui aurait vos suffrages à tous, mes amis, c'est sans contredit celle qui s'exerce dans la Forêt Noire et en Thuringe, avec le bois léger du sapin ; il y a là des populations entières qui fabriquent des jouets bon marché ; pantins dansant au moyen d'une ficelle ; quilles ; boîtes de ménage renfermant des arbres verts frisés, des moutons peints en blanc, et des maisons rose tendre ou bleu de ciel ; poupées à ressort, etc., etc.

Depuis plusieurs années, les Allemands inondent les pays voisins de boîtes de soldats en plomb de toutes armes et de tous costumes.

Quels sont donc ces coteaux couverts de vigne qui s'élèvent là-bas ? Ce sont les hauteurs du Taunus, sur lequel on récolte le raisin qui fera le vin du Rhin. Autrefois, on enfermait ce précieux vin dans des tonneaux grands comme une chambre ; vous pouvez les visiter à Heidelberg ; je suis certain que cela vous amusera.

Et la marine de l'Allemagne ? Ont-ils, comme en Angleterre, de beaux vaisseaux et de grands steamers ? Non ; la mer Baltique, qui borne l'Allemagne au nord, est peu profonde et peu propre à la navigation ; il y a bien les ports de Dantzick, de Kœnigsberg, de Duppel, mais tout cela n'a pas fait hausser la mer, n'est-ce pas ? Si les côtes ne sont pas propices à la marine, elles renferment un produit particulier, je veux parler de l'ambre jaune, qu'on y recueille en assez grande quantité, et avec lequel on fait des bijoux, des étuis, des bouts de pipe. La vogue de ces bijoux, un moment très grande, a bien diminué.

ASIE
Arkhangel
Helsinfor
St Pétersbourg
Riga
Moscou
Nijni Novgorod
Smolensk
Varsovie
Kiev
Astrakhan
Odessa
RUSSIE.

LA RUSSIE

Quel vaste pays ! que d'aspects différents, que de costumes divers !

Vers le nord, voici encore des Lapons ; quand l'hiver sera venu, ils quitteront Arkhangel, et ils viendront s'installer sur la Néva gelée. Si nous voulons visiter la région froide, faisons acquisition de bonnes fourrures de renard, de martre, d'agneau, et embarquons-nous bravement sur ce traîneau attelé de quatre petits chevaux vifs et agiles. Qu'ils nous emportent vite ! on en est étourdi. Mais quels sont ces animaux qui s'élancent à notre poursuite ? Le pays est désert, pas une maison ! Ce sont des loups affamés qui osent nous attaquer. Les chevaux bondissent ; heureusement que nous sommes bien armés et les loups peu nombreux ! pif ! paf ! un peu de poudre et des balles à ces importuns. Bon, nous en voilà débarrassés ; mais ce n'est pas toujours aussi facile que cela.

Pour nous remettre de notre alerte, nous allons descendre à cette cabane en bois, qui vient enfin d'apparaître derrière ces bouleaux, là-bas. C'est la demeure d'un paysan ; avec sa grande barbe, sa figure sauvage, sa peau de mouton et son bonnet de fourrure, il ressemble presque à une bête fauve. Un grand four, sur lequel il couche avec sa famille, occupe le tiers de la chambre ; tout est pauvre ; la vaisselle est en bois ; il trouve moyen, cependant, de nous offrir une tasse de thé, et il le fait de très bon cœur. Merci, brave homme !

Un jour, pourtant, la joie et la gaieté pénètrent partout. C'est le jour de Pâques. Tous, riches et pauvres, célèbrent cette grande fête avec une grande joie. Les Russes sont pieux et chaque maison est ornée, à l'intérieur, des « saintes images ».

Hâtons-nous de revenir à Saint-

Pétersbourg; nous verrons le czar rentrer au Palais d'hiver; il a passé une revue et il est escorté de sa garde circassienne et de ses Cosaques. Tout le peuple l'acclame.

Dans quelques jours, nous partirons pour Moscou, la ville sainte des Russes; ensuite, nous visiterons Kasan, une jolie ville, bâtie tout en bois. Rien ne nous empêchera de visiter le Sud : Odessa, la Crimée, qui a pour nous de glorieux souvenirs. Là, nouvel étonnement : nous trouvons le climat et les productions des pays du midi de l'Europe. Le temps nous manque pour visiter les riches mines des monts Ourals, mais nous irons sûrement faire provision de fourrures à Astrakhan.

La Russie fait un grand commerce, et le pavillon de ses bâtiments marchands, qui ressemble beaucoup au nôtre, se voit sur toutes les mers.

Maintenant, si vous êtes fatigués et si vous redoutez la vie d'auberge, savez-vous ce que nous pouvons faire ? Nous irons au Marché aux maisons, où l'on vend des maisons de bois; nous en choisirons une à trois, quatre, cinq chambres, comme il vous plaira ; une fois notre choix fait, nous payerons, et le jour suivant, nous trouverons notre maison montée et habitable, à l'endroit que nous aurons indiqué.

Après quelques jours de repos, je vous proposerai un tour en Pologne, cette contrée qui, partagée par le hasard des guerres entre la Russie, l'Autriche et la Prusse, a pourtant son caractère bien à elle. Nous pourrons y chasser, dans les épaisses forêts, une espèce de bison qu'on appelle l'aurochs; seulement, nous serons prudents, car il est sauvage et redoutable.

Récréons-nous, maintenant, aux tours qu'exécutent vraiment très bien les ours que certains paysans polonais dressent avec une certaine habileté. On prétend même que, pris jeunes, ces ours peuvent arriver à servir à table; rien n'est moins sûr; mais que diriez-vous d'un dîner dans lequel un ours, en guise de valet de pied, se tiendrait derrière vous? Votre digestion en serait un peu troublée, n'est-ce pas ?

AUTRICHE HONGRIE
Vienne
Buda Peth
SERBIE
Belgrade
ROUMANIE
Bucharest
BULGARIE
Philippopoli
Constantinople
Salonique
Janina
ASIE
TURQUIE.

LA TURQUIE

Quel coup d'œil enchanteur que cette mer sur laquelle courent de petites barques aux voiles blanches, cette ville élevée avec ses arbres, ses maisons, ses minarets et ses coupoles ! Ce vaste port est peuplé de nombreux vaisseaux, venus de toutes les parties du monde ; ces îles, qu'on voit au lointain, sont riantes et fleuries ; et là-bas, tout là-bas, cette montagne au sommet couvert de neige, c'est le mont Olympe ; nous sommes à Constantinople, la capitale de la Turquie.

Entrons. Voici justement un jeune garçon à la mine intelligente et moins morne que celle de ses compatriotes. Il parle le turc, le français et l'anglais ; il va nous servir d'interprète. Mais quelle route nous fait-il prendre ? Qu'est-ce que ces rues étroites, fangeuses et mal tenues ? ces maisons construites en bois et en terre ? ces troupes de chiens errants qui vous arrêtent dans votre marche ? — C'est encore Constantinople, répond notre guide. En vérité, la ville ne gagne point à être vue en dedans ! On n'y entend aucun bruit : pas de voitures, pas de charréttes ;... des portefaix, chargés comme des bœufs, nous croisent, en pliant sous de lourds fardeaux, et, on ne rencontre presque pas de femmes. C'est que les Turques ne quittent guère la maison où leurs maris les retiennent comme des esclaves. Seules, les femmes du peuple, la figure à demi cachée, vont et viennent silencieusement.

Quel est cet homme qui, du haut d'un *minaret*, semble appeler, en faisant de grands bras?.. C'est un *muedzin ;* trois fois par jour, il appelle ainsi à la prière. Tenez ! voyez les Turcs sortir de leurs maisons et étendre sur le seuil une natte et un tapis ; ils baissent la tête, croisent les bras et prient. Vous savez que les temples des mahométans se nomment des *mosquées* ; leurs toits en boule sont recouverts de zinc et brillent au soleil ; le *minaret* est une tour carrée qui tient à la mosquée.

Si nous étions un samedi, notre guide nous aurait conduits où l'on peut voir des *derviches tourneurs* ; c'est singulier, en vérité, de voir ces religieux, magnifiquement vêtus, tourner d'abord tout doucement sur eux-mêmes, puis accélérer leur mouvement jusqu'à ce qu'ils tombent hors d'haleine ; alors, ils sont satisfaits, car ils ont imité le mouvement des astres. Les *derviches hurleurs* sont moins amusants à entendre que ceux-ci à voir.

Nous voici maintenant devant le palais du sultan qui se fait appeler le *chef des croyants* et l'*Empereur* des *Empereurs*. Il paraît qu'il était en goût de sévérité aujourd'hui, car voici plusieurs têtes suspendues au mur ; quand il sortira, le peuple se précipitera le visage dans la poussière et n'osera jamais protester contre les actes de son maître absolu.

Quittons ce triste spectacle, et suivons plutôt ce gros Anglais, armé d'un guide Murray ; il nous renseignera peut-être. Non, il n'admire rien, et nous dit qu'il n'y a que *le Angleterre*. Nous savons, nous, qu'il y a encore, en Turquie, de belles villes : Salonique et Andrinople, par exemple ; nous savons que, si cette contrée, partout si fertile, est malheureusement mal cultivée, elle produit cependant des objets précieux. Ses tapis sont célèbres. La Fontaine disait déjà — de son temps — fable du Rat de ville et du Rat des champs :

> « Sur un tapis de Turquie,
> Le couvert se trouva mis ».

Ses cuirs, ses belles armes, ses soieries, son tabac, ses draps méritent d'être appréciés. Ses fruits sont exquis et ses roses servent à fabriquer une essence supérieure.

Bien que cette nation soit fort arriérée, nous ne pouvons refuser aux Turcs les qualités qui les distinguent : ils sont sobres, braves à la guerre et doux pour les animaux.

AUTRICHE
HONGRIE.
ALLEMAGNE
POLOGNE
RUSSIE
Prague
BOHEME
Cracovie
Lemberg
AUTRICHE
Vienne
HONGRIE
Buda Pesth
Gratz
Szegedin
ITALIE
Sarajevo
SERBIE
ROUMANIE
Raguse
TURQUIE

Imp. Lemercier & Cie., Paris.

L'AUTRICHE-HONGRIE

Oh! oh! quel grand pays! Ici, une immense plaine, la Hongrie ; là, des montagnes semblables à celles de la Suisse, le Tyrol; plus loin, la Bohême; et le long du Danube, du beau Danube bleu, des pays variés et pittoresques. Quel joli voyage nous allons faire!

Allons en Bohême, d'abord; nous y serons bien accueillis : les habitants sont hospitaliers; ne les prenez pas pour des Allemands, au moins, vous les fâcheriez tout rouge; ils sont Slaves, de la même race que les Polonais. Voilà des paysans qui reviennent des montagnes où, tout le jour, ils ont cherché des grenats et des cristaux; achetez-leur-en quelques-uns, ce sera un souvenir de votre voyage. Nous visiterons aussi une de ces manufactures où l'on fabrique ces jolies verreries de Bohême, et nous serons bien accueillis, car, en ce pays, on aime fort les Français.

Ensuite nous parcourrons Vienne ; c'est là que les Turcs essuyèrent une rude défaite, il y a deux cents ans. Les environs de la ville sont charmants ; quant à la capitale elle-même, elle est un peu comme toutes celles d'Europe : de beaux quartiers, des endroits misérables, beaucoup de monuments, des magasins superbes et de belles églises.

Si nous voulons plus d'originalité, nous nous dirigerons vers la Hongrie. Quelles grandes plaines! Là, les bergers gardent leurs moutons et leurs bœufs à cheval. Quels sont ces hommes vêtus de jolis costumes tout chamarrés, à la chevelure crépue, aux yeux noirs, qui jouent une musique endiablée, pendant que de belles jeunes filles dansent en s'enlaçant avec grâce? Ce sont des Tziganes. — Voici des seigneurs hongrois qui nous invitent gracieusement à visiter leurs domaines. Leur costume est riche; le velours, les broderies, les armes précieuses le composent.

Ne nous attardons pas trop dans ces plaines basses et humides, et passons à Tokay dont le vin généreux nous redonnera des forces. Poussons un peu au nord; je veux vous faire visiter les mines de sel de Wieliczka, en Galicie. Il y a douze cents ouvriers qui travaillent dans ce village souterrain qu'on croirait une ville de fées. La lumière des lampes, en éclairant les blocs de sel, produit un fort joli effet. Regardez ces galeries, ces chapelles, ces statues tantôt blanches, tantôt rouges ou bleuâtres; tout cela est du sel gemme.

Redescendons jusqu'au Danube, nous le remonterons, en remarquant les forêts de la Croatie. Quels robustes forestiers et comme, avec leurs grandes haches, ils ont raison des plus gros arbres! La Slavonie est un vrai paradis terrestre; tout y pousse: le maïs, les fourrages. Ah! si ces gens n'étaient pas si ignorants, ni si paresseux! que de fruits! des pêchers, des amandiers, des pruniers surtout! je n'en ai jamais tant vu. Goûtons un verre de raki que les Slavons tirent des pruneaux, — c'est aussi fort que du rhum! — et partons pour le Tyrol.

Voici la vallée de l'Inn, avec les Alpes. Nous aurions pu aller visiter Trieste, le seul grand port de l'Autriche sur l'Adriatique; mais ce joli pays montagnard a vraiment plus d'attrait pour nous.

Salut, brave Tyrolien; j'aime votre costume pittoresque : veste courte, culotte de daim, chapeau pointu avec une plume d'aigle; mais j'aime encore mieux votre bon cœur pour les étrangers, votre simplicité de mœurs et votre courage indomptable. Vous êtes bien hardi de descendre ainsi au fond des gorges inaccessibles pour cultiver quelques coins de terre; vous êtes bien habile d'avoir su vous servir de tous les ruisseaux qui courent dans vos vallées, pour établir des moulins qui vous procureront la farine et l'huile; vous êtes bien industrieux à fabriquer tant de jolies sculptures en bois! Aujourd'hui, c'est fête; il y a tir à l'oiseau, je vais aller vous applaudir.

ALLEMAGNE
FRANCE
ALSACE-LORRAINE
Bâle
Schaffhouse
Constance
Lindau
Zurich
St Gall
AUTRICHE
Neuchâtel
Berne
Lucerne
Fribourg
Lausanne
Genève
FRANCE
ITALIE
SUISSE.
HELVETIA
10

LA SUISSE

Pourquoi as-tu l'air triste, gentille Suissesse d'Unterwald? car je te reconnais à tes jolis cheveux blonds tressés, roulés sur le sommet de ta tête et ornés de rubans. Tu as travaillé, tout le jour, au chalet voisin qui s'abrite dans la vallée, à l'ombre des verts sapins; tes vaches ont fourni un lait crémeux et doux; aucune d'elles ne s'est égarée; le temps est pur; il n'y a pas d'orage à craindre, pourquoi es-tu rêveuse?

Ton frère aîné est chaletier, dans la montagne; il y est monté au printemps et ne redescendra qu'à l'automne; et comme il est habile à fabriquer le beurre et le fromage, quand il reviendra, il y aura joie au chalet, car il rapportera au moins cent francs. Tu as de ses nouvelles, de temps en temps; ce n'est donc pas lui qui t'inquiète. Mais ton père? où est donc ton père?

— Il est guide; et, depuis bien des jours qu'il a escorté une troupe de voyageurs dans la montagne, il n'a pas reparu; alors, j'ai peur. Chaque soir, quand le soleil va se coucher derrière ces sommets tout couverts de neige qu'il teint d'une belle nuance rose, je viens l'attendre, sur ce coteau, et il n'est pas encore revenu. C'est que nous avons une rude vie dans notre beau et cher pays. Songez donc : dans ces ascensions hardies que le guide recommence si souvent, il y a les crevasses qui ont pu disparaître sous une couche de neige; il y a les éboulements; il y a surtout l'avalanche, la terrible avalanche qui, en une minute, peut engloutir une vallée entière; quand elle est suspendue, un cri, le vol léger d'un oiseau, le souffle du vent peut la détacher, et alors, c'est la ruine, la mort.

— Allons, pas d'idée triste, gentille Suissesse, ton père reviendra. Quel est ce gai refrain qui résonne au lointain, et que les échos se renvoient?

— C'est le *ranz des vaches*.

— N'est-ce pas par ce chant que ton père annonce son retour? Mais oui, tu souris, tu es rassurée; le voilà! quel bonheur! encore une fois sain et sauf!...

Demain, au lever de l'aurore, ton frère Fritz part pour la chasse au chamois. Ah! c'est un habile chasseur, et patient, et hardi! Avec ses souliers ferrés, je l'ai vu courir sur la pente des ravins, sur les rocs escarpés, puis s'enfoncer dans la neige et y rester longtemps immobile, afin d'être prêt à surprendre sa proie. Alors, quand le léger et gracieux chamois passait sans crainte, à sa portée, il l'ajustait et ne le manquait jamais. Demain, il sera aussi heureux, et, après sa victoire, il poussera des cris joyeux qui, à son retour, t'annonceront qu'il a fait bonne chasse.

Il a toujours été hardi et intrépide, ce Fritz; quand il était enfant, il s'aventurait sur les sommets les plus élevés, cherchant les nids d'aigles. Un jour, même, au moment où il allait saisir les jeunes aiglons, la mère l'a surpris, et quelle terrible leçon il a reçue, que de coups de bec, que de déchirures lui ont faites les serres acérées de la mère furieuse! Sans des chasseurs de chamois qui le sauvèrent, il serait mort; ne t'a-t-il pas conté cela? Allons, adieu, je vais parcourir d'autres points de ton beau pays.

Voici Schaffouse où j'admire la chute du Rhin; Bâle, avec son beau pont sur le Rhin; Lucerne, avec ses ravissants paysages et son lac qui baigne quatre cantons; Altorf, qui me rappelle la révolte de Guillaume Tell et l'indépendance de la Suisse. Je n'oublierai certes pas de visiter les ateliers d'horlogerie de Genève, ni de me promener sur son beau lac. Je passe rapidement dans le Valais, car les malheureux qu'on y rencontre et qu'on nomme crétins, ne sont guère engageants à voir : muets, sourds, idiots, affligés d'un goître énorme, ces pauvres gens excitent la pitié et le dégoût.

ITALIE.
AFRIQUE

L'ITALIE

Toi qui habites un si beau pays, petit Italien, pourquoi le quitter ? La famille est nombreuse et pauvre, je le sais, et tu crois trouver la richesse en France ; mais la vie coûte si peu, chez toi, et vous êtes si sobres ! Au lieu de courir les rues avec ta marmotte et ta musette, crois-moi, tu ferais mieux d'apprendre un état, dans ton pays. Tu pourrais, si tu le voulais, devenir un de ces joyeux gondoliers qui, à Venise, où les rues sont des canaux, conduisent leurs barques noires par la ville, en chantant des refrains du pays. Mais non, tu ne m'écoutes pas et tu continues ta route ; moi, je vais suivre la mienne.

Après Venise et sa place Saint-Marc, son Rialto et ses palais, je visite Milan et les fertiles plaines de la Lombardie. La cathédrale de Milan est superbe. Quand elle sera achevée, il y aura quatre mille statues.

Le petit théâtre de Girolamo me rappelle notre Guignol, et ses marionnettes ne manquent pas d'esprit. Je remarque l'allure fière et digne des paysans des campagnes, qui s'avancent avec leur manteau drapé sur l'épaule ; leurs femmes sont gracieuses et avenantes ; elles portent de longues tresses noires retenues par une riche épingle d'argent. On est au temps de la moisson ; sur des chars de forme élégante, on a entassé les gerbes de blé doré ; on les a entourées de guirlandes de fleurs, et, en avant du char que conduisent de graves laboureurs, des jeunes gens, couronnés de fleurs, dansent en jouant de la cornemuse.

Allons à Florence, voulez-vous ? Comme le dit son nom, elle est au milieu de pays fleuris, sur les rives de l'Arno. Que de beaux monuments, quels tableaux magnifiques et quel doux langage sonne à nos oreilles ! elle avait autrefois, comme Venise, plus de vie et d'éclat, mais elle est encore bien belle.

Et Rome ? Nous allons y aller, mais nous prendrons soin d'éviter la côte, qui est malsaine et où l'on gagne des fièvres dangereuses. Quelle est cette campagne solitaire ? ces arbres chétifs, cette herbe flétrie ? C'est la campagne de Rome, de cette Rome qui a régné sur le monde. La ville est triste, mais ses monuments sont superbes ; visitons-les. Voici le Vatican, résidence du Saint-Père, et le Quirinal, où habite le roi d'Italie. Le temple de Saint-Pierre est la plus belle église de l'univers. Le Colisée, le Panthéon, le Capitole auront notre visite et notre admiration.

Quel malheur que nous ne soyons pas à l'époque du Carnaval ! Nous aurions vu ces rues désertes et tristes s'animer tout à coup aux folies des voitures de masques brillants qui les parcourent. La Semaine Sainte est encore une époque qui a longtemps attiré les étrangers dans cette belle ville. Mais, à côté de tant de magnificence, que de misère, de paresse, de pauvreté !

Maintenant, traversons les Abruzzes, pays de pauvres montagnards, et rendons-nous à Naples. Dans une situation délicieuse sur un golfe, cette ville s'étend dans un pays fertile et charmant ; des palmiers, des bois d'orangers, de citronniers, l'entourent. Au loin, on voit fumer le Vésuve. Mais ne croyez pas que les Napolitains en soient effrayés ; les flancs du volcan sont parsemés de maisons de campagne. Il a pourtant fait éruption plusieurs fois ; quand la lave en feu coule, on fuit, mais pour revenir, une fois le danger conjuré.

Si vous voulez visiter Pompeï, une ville autrefois engloutie et mise à la lumière aujourd'hui, vous aurez une idée d'une cité antique, au temps de la grandeur romaine. Cela ne nous empêchera pas d'aller en Sicile ; vous y arrivez pour les vendanges, et vous verrez comme les peuples du midi entendent les réjouissances.

ESPAGNE
ET
PORTUGAL
FRANCE
PORTUGAL
Lisbonne
CORREOS
CENTIMOS

L'ESPAGNE ET LE PORTUGAL

Quelle agitation, quel mouvement! où vont ces chars attelés de mules si joliment caparaçonnées et dont les grelots sonnent si allégrement? où courent ces cavaliers, ces dames coiffées de la mantille et parées de bijoux? Ne nous étonnons plus ; il y a aujourd'hui course de taureaux, à Madrid, et tous, pauvres et riches, rois et sujets, n'ont garde de manquer une telle fête.

Quel spectacle, pourtant, que de voir une malheureuse bête affolée, blessée à plaisir, s'élancer en bondissant sur des chevaux qu'elle éventre ou sur des hommes qu'elle tue ! Oh ! oh! la foule siffle ; il paraît que le matador a manqué d'adresse en tuant le taureau!

Mais que nous importe ! récréons-nous plutôt à regarder ces gracieux danseurs, armés de castagnettes, qui chantent le boléro, en réglant leur mouvement aux sons de la guitare. Ils ont un entrain qui vous donne envie de danser comme eux. Tous les hommes, depuis les mendiants jusqu'aux plus riches, ont une allure fière et une manière de porter leurs manteaux bruns qui ne manque pas de noblesse. La plus grande privation que nous puissions leur imposer serait non pas de leur enlever toutes leurs oranges succulentes, ou leur excellent chocolat ou leurs vins délicieux ; non, ce serait de leur retrancher leurs chères cigarettes qu'ils fument constamment.

Comme en Italie, nous sommes obligés de constater que les fiers Espagnols sont trop amis du *far niente* et qu'ils cultivent à peine un pays d'une fertilité rare. Ces hommes, si ardents au plaisir, passent une partie du jour à faire la sieste, et semblent dédaigner le travail; aussi l'Espagne a bien perdu de son antique splendeur.

Autrefois, elle fut longtemps possédée par les Maures ; c'est à Grenade, en visitant le célèbre palais de l'Alhambra, que nous pourrons nous faire une idée des magnificences de cette époque. Valence nous offre ses oranges ; Malaga, son vin délicieux ; Séville, sa splendide cathédrale et ses sites ravissants. « Qui n'a pas vu Séville n'a pas vu de merveille, » disent les Espagnols.

Quant à Gibraltar, tout en prenant note de sa situation inexpugnable, sur son rocher à pic, nous nous étonnons que le peuple espagnol laisse une place si importante aux Anglais. Visitons, au sud de la ville, un petit coin bizarre où vit une espèce de singes, petits et assez laids, qu'il est défendu de chasser ou de prendre.

Maintenant, faisons une pointe vers le Portugal ; les habitants sont marins ou cultivateurs ; malheureusement, encore plus qu'en Espagne, nous en trouvons de paresseux. Ils sont cependant bien fiers de leur pays — cela se conçoit — en parlant du passé. Au moment des grandes découvertes géographiques, ce sont les Portugais qui ont donné l'élan. Mais, aujourd'hui, ils ne vivent guère que de souvenirs. Ils ont des mines riches en métaux ; elles sont à peine exploitées ; ils ont une terre fertile, et ne récoltent point assez pour leur consommation ; ils ont des olives excellentes et ne savent point fabriquer de bonnes huiles.

Si vous voulez jouir d'un beau coup d'œil, prenez un bateau et arrivez à Lisbonne, par mer. La ville s'élève en amphithéâtre et offre une vue splendide. Comme dans toute la péninsule, on s'y amuse fort ; on y danse, on y chante, on y combat le taureau. Cette belle ville a été pourtant, un jour, un monceau de ruines. En 1755, un terrible tremblement de terre engloutit une partie de la cité, et 30,000 personnes périrent. Oublions ce triste souvenir en portant un toast à l'avenir de Lisbonne, avec l'excellent vin de Porto.

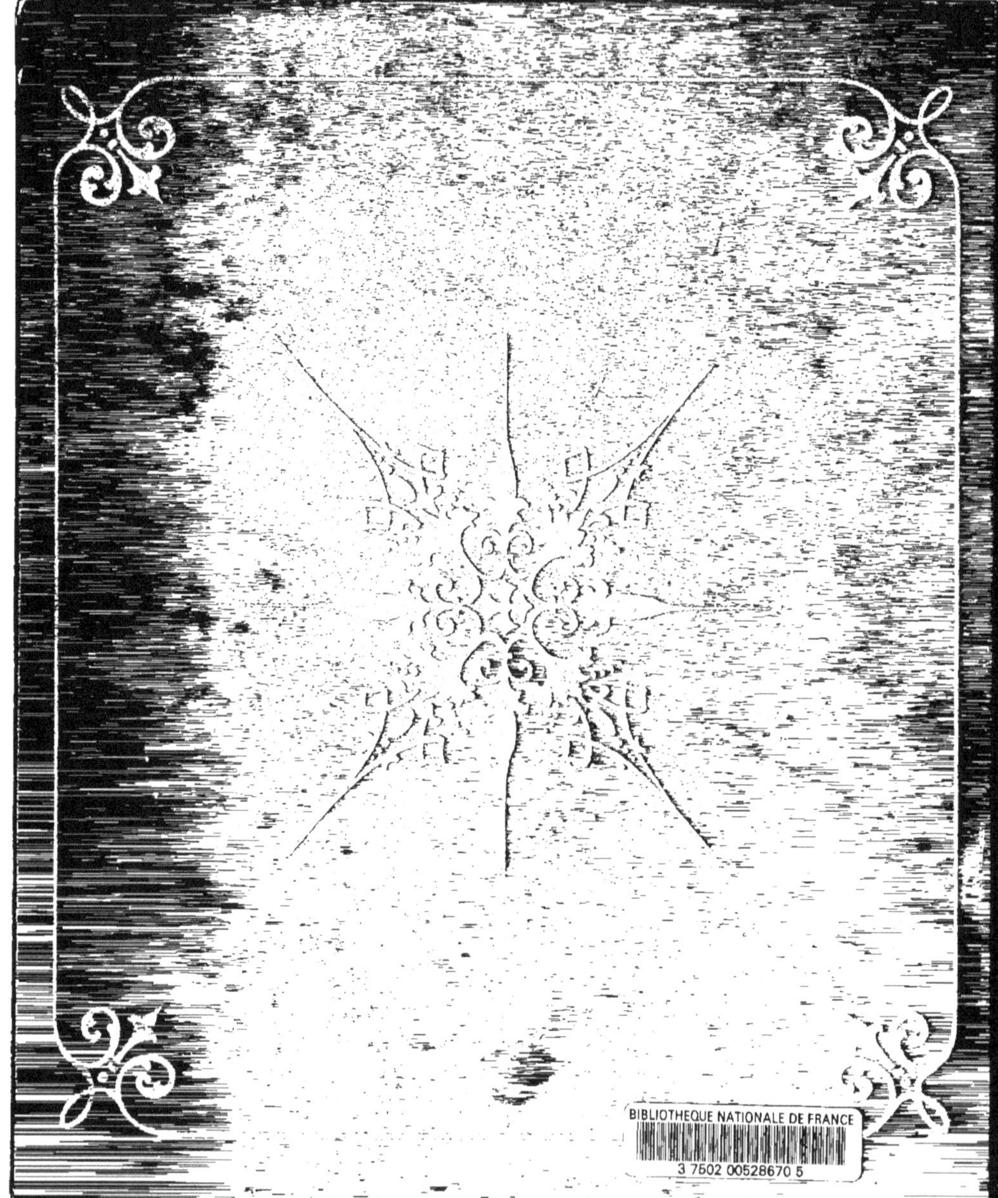